LÂCHER PRISE, ENFIN !

Apprendre à vivre dans le moment présent

Par Elise Savaro

COMMENT LÂCHER PRISE ?

- **Problématique ?** Si la notion de lâcher-prise est au cœur des ouvrages de développement personnel, elle reste cependant très mystérieuse. De quoi devons-nous en effet nous défaire pour nous ancrer dans le moment présent ? Et que signifie réellement « vivre dans le moment présent » ?
- **Objectif ?** Prendre conscience du fait que nous ne pouvons pas toujours changer ou influer sur le cours des choses, mais qu'il est, au contraire, possible de modifier le regard que nous portons sur elles et la manière dont nous les appréhendons.
- **FAQ ?**
  - Tout le monde est-il égal face au lâcher-prise ?
  - Les enfants lâchent-ils prise plus facilement ?
  - Qu'est-ce qui rend difficile le lâcher-prise ?
  - Jusqu'où lâcher prise ?
  - Quelle sera la meilleure méthode pour m'aider à lâcher prise ?

Le lâcher-prise est une expression très utilisée de nos jours, mais que peu comprennent réellement. La notion nous est souvent présentée comme une obligation, un but à atteindre, et comme quelque chose de facile à réaliser. N'avez-vous jamais entendu une personne de votre entourage vous conseiller de « lâcher prise », alors que vous étiez tourmenté ou stressé ? Or qu'y a-t-il de plus compliqué que de s'abandonner lorsque l'on se trouve justement empêtré dans ses problèmes ?

Certains philosophes, comme Alexandre Jollien, nous invitent à « lâcher, même le lâcher-prise » (Petit traité de l'abandon), c'est-à-dire à ne pas considérer le lâcher-prise comme une nouvelle contrainte, mais plutôt comme la possibilité d'accueillir sans dramatiser certains événements désagréables ou contre lesquels nous ne pouvons rien faire, et de nous détendre. Il ne s'agit pas pour autant d'une attitude défaitiste ou passive. Bien au contraire !

Pour que vous puissiez mieux comprendre cette notion, voici une petite histoire très concrète, connue des étudiants en psychologie :

> En Malaisie, il existe une pratique de chasse traditionnelle des singes qui consiste à couper une noix de coco en deux, à la vider de son contenu pour y mettre quelques grains de riz et la refermer ensuite en y laissant une petite ouverture. Alléché par les fruits suspendus aux arbres, le singe plonge la main dans la noix de coco pour s'emparer du riz. Piégé par la noix de coco qui se referme, il se met à gémir et à crier alors qu'il lui serait tout à fait possible de retirer sa main et d'échapper aux chasseurs. Pourquoi le singe ne lâche-t-il pas le riz pour pouvoir se sauver ? Parce qu'il tient bien trop à son butin. C'est ce qui nous arrive, à nous aussi ! Par manque de mise en perspective, de détachement, nous nous agrippons à nos pensées.

S'il est vrai que nous devons faire face à beaucoup plus de soucis que les singes, parce que nous sommes des êtres de pensées et que nous nous compliquons souvent l'existence, nous avons aussi la capacité de nous observer et de corriger notre comportement, afin de ne plus laisser nos automatismes nous guider.

Le but de cet ouvrage est de définir avec plus de précision le terme de lâcher-prise, de vous exposer différentes techniques pour aller vers ce relâchement – qui, insistons encore une fois, n'est pas un renoncement ou une défaite, mais un mieux-être – et de vous aider à mettre ces techniques en pratique suivant le contexte.

COMPRENDRE LE LÂCHER-PRISE

LE CONTRÔLE ET L'ATTACHEMENT :
LES ANTITHÈSES DU LÂCHER-PRISE

Pour bien comprendre le concept de lâcher-prise, il faut s'intéresser à son contraire, soit littéralement, le « prendre-prise », une expression qui n'existe pas en français, mais qui comporte les notions de contrôle et d'attachement excessif.

Le contrôle

Pour nous adapter au monde, nous avons besoin de repères que nous établissons dès l'enfance. Nous forgeons notre vision du monde par le biais de notre éducation et de notre environnement, mais aussi grâce à notre personnalité. Cela nous donne une consistance et nous permet d'être en interaction plus ou moins harmonieuse avec ce qui nous entoure. Contrôler ou vouloir contrôler une situation nous rassure. Et lorsque nous perdons cette mainmise, le stress s'empare de nous.

> « Je téléphone au moins trois fois par jour à la crèche pour m'assurer que tout va bien avec Ulysse, et généralement c'est le cas… Les puéricultrices me disent que c'est inutile d'appeler et que cela gêne un peu leur travail, mais je ne peux me résoudre à passer une journée entière sans m'assurer que les choses vont bien. Si je ne le fais pas, je vis un terrible état d'angoisse. » (Cécile, 29 ans, maman d'un enfant de 6 mois)
>
> « Je ne me sens pas du tout à l'aise lorsque je prends l'avion, alors que je suis obligé de me déplacer plusieurs fois par mois, essentiellement en Afrique et en Europe. Pour me

rassurer, la veille de chaque départ, j'ai un livre de chevet qui m'explique le fonctionnement de l'avion et le risque minime que j'encours. Dans l'avion, j'ai l'habitude de tout observer et dès que je trouve quelque chose d'anormal, j'appelle le steward ou l'hôtesse pour lui poser une question. Cela me déstresse, j'ai l'impression de reprendre les commandes de l'avion fou qu'est ma peur. » (Miguel, 42 ans)

L'attachement

L'attachement est le fait d'accorder de l'importance à des valeurs, des idées, des sentiments, des éléments de notre environnement et, bien entendu, à des personnes. Notre ego, notre personnalité nous fait croire qu'il serait très difficile d'abandonner ces attachements, que nous serions tristes ou malheureux s'ils nous échappaient, ou même que nous ne pourrions pas vivre sans eux.

Il faut bien reconnaître que tout ce qui nous constitue depuis notre enfance est aussi le matériau à partir duquel nous nous construisons et grâce auquel nous pouvons aussi nous déconstruire. Ce qui n'est plus fait naître dans notre esprit des sentiments de regret, de nostalgie et, à un niveau plus pernicieux, beaucoup de peine, d'anxiété, voire des sentiments dépressifs.

Citons par exemple le cas des Inuits au Groenland qui subissent depuis des années des changements environne-mentaux et culturels majeurs (diffusion de la culture occi-dentale, sédentarisation, fonte des glaces et perturbation de la faune et de la flore). Toutes ces mutations ont fait disparaître un mode de vie traditionnel et ancestral dont dépendait l'équilibre physique et psychologique des autochtones. L'alcoolisme, la dépression et l'obésité y sont alors apparus comme de nouveaux problèmes de santé publique, inconnus auparavant. La brutalité avec laquelle l'acculturation s'est produite ne leur a pas permis de prendre le recul nécessaire, de trouver de nouvelles manières harmonieuses d'exister et donc de se détacher du sentiment de perte.

Le temps joue aussi un rôle primordial dans le processus d'attachement, car il ancre en quelque sorte l'être humain dans son environnement : plus vous restez dans le même appartement, plus vous accumulerez objets, meubles et souvenirs, et plus vous éprouverez des difficultés à déménager. Vous serez triste de quitter le lieu dans lequel se sont produits tellement d'événements. Ou alors vous le quitterez parce qu'il s'est soudain produit quelque chose de négatif, par exemple un cambriolage – mais cette réaction se rapproche plus de la fuite que d'un réel lâcher-prise.

Autre difficulté dans le lâcher-prise : notre cerveau !

La fonction naturelle de notre cerveau est de penser. Sans même nous en rendre compte, nous pensons tout le temps, et lorsque nous réfléchissons, nous opérons une sorte de tri au milieu de ce fatras de pensées. Mais lorsque le cerveau est trop sollicité, il se met à fonctionner de travers. Cette tendance naturelle est exacerbée par le contexte d'une époque qui sollicite à chaque instant nos pensées : Internet, les smartphones et autres appareils connectés apparus ces dernières années sont des stimuli qui attirent notre attention tout au long de la journée et finissent par nous

agresser. Ces nouvelles formes de communication instanta-
née se rajoutent à notre quotidien déjà stressant et à une
surinformation pas vraiment positive qui nous expose à une
vision du monde ultra complexe et souvent très dure. Outre
cela, en vieillissant, nos responsabilités s'accumulent :
enfants, travail, difficultés des familles recomposées, soucis
financiers, etc.

Cette surabondance de responsabilités et d'informations
encombre notre cerveau qui ne peut plus fonctionner de
manière sereine et fluide. La coupe est pleine, et il est dès
lors très difficile de lâcher prise. D'où la nécessité de désen-
combrer, de revenir au silence, à l'essentiel. Le cerveau a
besoin de calme, de vide pour fonctionner – même si ce vide
reste une illusion puisque le cerveau est toujours en activité.

Commençons par calmer le bruit et l'agitation dont nous
pouvons nous passer. Nous pouvons, par exemple, décider
de ne pas lire et répondre aux mails et aux SMS dès que
nous les recevons. De même, nous ne sommes pas obligés
d'écouter les nouvelles chaque jour. Faisons un peu le vide,
car nous ne pouvons amener de bonnes choses à notre
âme si nous ne vidons pas d'abord notre tête de tout ce qui
l'encombre.

Des mécanismes de survie

Le contrôle et l'attachement sont deux phénomènes
d'adaptation et de survie qui paradoxalement peuvent aussi
nous rendre malheureux, nous emprisonner et nous limiter
au point de nous couper de l'expérience de la vie.

Si nous avons une vision du monde très définie et que nous ne voulons pas la faire évoluer parce qu'elle correspond à ce que nous pensons être un idéal, nous ne nous adapterons pas à la vie et n'accueillerons pas les choses inattendues qu'elle peut nous offrir. La vie est changeante, complexe, multiple, et il est vraiment important de prendre conscience de cela. Cette réalité est connue depuis de très nombreux siècles grâce au concept d'impermanence, repris dans les philosophies orientales et observé sous une forme un peu différente par de nombreux philosophes occidentaux depuis l'Antiquité.

LE CONCEPT D'IMPERMANENCE

Prenons pour exemple la notion d'impermanence telle qu'elle apparaît dans le bouddhisme, philosophie orientale la plus populaire en Europe, avec la voie du yoga. Également appelée Anitya, l'impermanence est l'une des caractéristiques que l'on retrouve dans toute chose : rien n'est immuable ; chaque chose naît, évolue et finit par disparaître. Cet état d'impermanence est cause de souffrance (Dukkha). Le bouddhisme considère en effet que ce qui est impermanent n'est pas satisfaisant et mène à la souffrance, car nous avons une tendance naturelle à nous attacher aux choses. Ces liens que nous tissons avec les choses et les personnes de notre environnement nous rassurent et semblent nous combler. Mais cette impermanence permet cependant, de façon assez paradoxale, un avancement spirituel. L'impermanence et la souffrance qui en découlent nous permettent de prendre conscience que notre esprit est terriblement fluctuant et soumis à nos émotions. Cette prise de conscience nous pousse à nous améliorer.

La voie de l'éveil consiste à stabiliser son esprit, à se détacher de ses émotions. La méditation, qui est le moyen principal pour arriver à l'éveil, permettra au mental de résister à la souffrance. L'éveillé devient en quelque sorte stable dans un monde instable. Mais la stabilité demande d'intégrer l'acceptation de ce monde changeant.

Dans les faits, nous naissons, devenons enfants, adolescents, adultes, puis nous vieillissons ; nous commençons de nouveaux projets, nous rencontrons de nouvelles personnes, et nous en perdons aussi. Certaines expériences sont agréables et favorisent notre développement, d'autres nous paraissent, au contraire, désagréables, injustes, complètement inutiles, et nous pensons qu'elles nous font régresser.

Il est certes possible de faire le tri parmi tout cela pour n'en garder que le meilleur, mais nous pouvons aussi nous dire que c'est la somme de ce vécu qui nous rend plus humain et empathique. Or l'empathie est un sentiment qui fait du bien, à soi et aux autres. Tous les êtres humains sont capables de ressentir les sentiments de souffrance et de joie, et cette compréhension nous mène à l'empathie, à l'amour universel et donc à une certaine paix mentale.

POURQUOI EST-IL SI DIFFICILE DE LÂCHER PRISE ?

Nous l'avons vu, la difficulté du lâcher-prise est essentielle-
ment liée à nos pensées et à nos émotions perturbatrices,
celles qui nous empêchent de vivre notre vie de manière plus
adaptée et fluide. À côté de cela, certains attachements
peuvent également nous causer de la peine lorsque le lien
est rompu. Pensons par exemple à :

- la perte d'un proche, que ce soit suite à un décès, une
  séparation, un éloignement ;
- la perte d'une activité, d'un travail ;
- un déménagement ;
- le déclin de notre jeunesse, de notre santé, de notre
  condition physique ;
- etc.

Dans ces cas, il nous est particulièrement complexe d'accepter la situation telle qu'elle est et de prendre conscience que
nous ne pouvons rien y changer, malgré toutes les actions
que nous mettons en œuvre.

Cette difficulté à lâcher prise peut également être visible
à travers des petites choses du quotidien qui consomment
notre énergie, comme :

- le fait de s'obstiner à vouloir trouver une solution à un
  problème sur lequel nous coinçons depuis longtemps ;
- l'inquiétude que nous éprouvons pour des choses que
  nous ne pouvons pas totalement maîtriser, comme les
  résultats scolaires de nos enfants ;
- le fait de vouloir être parfait au regard des autres ;
- etc.

Il s'agit là d'autant d'éléments qui nous freinent dans notre abandon et qui nous empêchent de vivre d'une façon plus sereine.

COMMENT LÂCHER PRISE ?

LES CLÉS POUR Y PARVENIR

Accepter les limites

La première attitude à adopter est celle d'accepter les limites du réel et de reconnaître ses propres limites. Les premières sont définies par les limites matérielles : le temps, l'espace, etc. ; les secondes sont d'ordre psychologique (Suis-je quelqu'un de patient ? Suis-je plutôt doué pour les langues ou les mathématiques ?) ou d'ordre physique (Ma santé me permet-elle de courir un 100 mètres ?).

Ces dernières sont dans une certaine mesure malléables, ce qui est rarement le cas de la réalité physique extérieure. Illustrons notre propos par un exemple tout simple. Si je veux traverser un petit ruisseau sans pont, mais que je ne veux pas mouiller mes pieds, il n'y aura que deux choix possibles : soit je le traverse et je me mouille, soit je ne passe pas ce cours d'eau. Si mon esprit s'embrume de colère ou de frustration ou si je décide mordicus d'attendre que le lit du ruisseau s'assèche – et je risque d'attendre un bon moment ! –, c'est que je refuse d'accepter les limites du réel. Les pensées désagréables que j'éprouve ne changeront pas les lois physiques et naturelles. Si par contre j'accepte cette réalité physique, je peux alors décider de remonter la rivière jusqu'à un passage à sec ou accepter le désagrément de continuer ma balade avec les pieds et les chaussures humides, sachant qu'ils finiront bien par sécher.

CHANGEZ LE REGARD QUE VOUS POSEZ SUR LE MONDE

Voici un petit exercice pour changer le regard que vous portez sur les choses lorsque vous êtes de mauvaise humeur.

Notez tout d'abord sur un bout de papier tout ce qui vous trouble et vous rend maussade ces derniers temps et à ce moment présent. Lorsque vous aurez terminé, fermez les yeux. Imaginez-vous marchant dans un magnifique parc par un beau matin d'été. L'air est doux ; vous entendez le chant des oiseaux. Vous sentez la légère humidité de la rosée du matin, la douce chaleur des rayons du soleil qui caressent votre visage ; la bonne odeur des roses et du jasmin pénètre vos narines. Visualisez la scène et ressentez tout ce qui vous est agréable. Sur votre chemin, vous croisez d'autres promeneurs qui vous sourient et à qui vous souriez en retour. Tout est parfait et absolument idéal.

Quand vous vous sentirez prêt, ouvrez les yeux. Reprenez votre petit papier et voyez comme votre point de vue sur les choses vient de changer. Si vous le voulez, vous pouvez écrire la manière dont vous ressentez vos problèmes à présent et prendre note des changements opérés.

Reproduisez l'exercice chaque fois que vous aurez des idées noires et relisez vos anciennes petites notes. Elles vous aideront à relativiser et à vous rappeler les capacités extraordinaires que possède votre esprit.

Grâce à cet exercice, vous comprenez qu'il est possible de changer votre façon de voir les choses. En toute circonstance, votre esprit reste libre. Prendre conscience de cela est très important et vous aidera dans toutes les situations de la vie.

Le travail d'acceptation des limites n'est évidemment faisable qu'à partir du moment où nous avons connaissance du monde qui nous entoure et plus précisément des paramètres d'un problème. Ainsi, ce type de travail ne pourra pas être réalisé par un jeune enfant. Si celui-ci pleure ou se montre colérique, cela vient souvent du fait qu'il ne comprend pas la raison des limites qui lui sont imposées. Bien souvent, une petite explication suffit à l'apaiser. Ainsi, si vous interdisez à un enfant de 2 ans de toucher une bouilloire brûlante sans donner d'explications, il se mettra aussitôt à pleurer ; par contre si vous lui expliquez qu'il risque de se brûler, il abandonnera plus facilement le sentiment d'injustice qui l'aura mis en colère.

De même, un adulte dans le doute et dans l'incompréhension d'une situation peut avoir plus de mal à lâcher prise. Il est donc important de prendre le temps de se renseigner davantage, quand c'est possible. Le fait de parler, d'échanger avec des amis, de suivre une thérapie peut aussi nous aider à prendre plus clairement connaissance de nos limites et à les accepter avec plus de sérénité.

Accepter ses émotions

Si nous pouvons généralement dominer nos sentiments de

frustration dès que nous prenons conscience de leur inutilité, il est en revanche plus complexe d'y parvenir lorsqu'il s'agit d'événements chargés affectivement et émotionnellement. Par exemple, lors de la perte d'un être cher, il sera plus intéressant de porter le lâcher-prise sur notre excès de volonté à vouloir surmonter notre chagrin, sur notre désir d'oublier et d'avancer trop vite. Nombreux sont en effet ceux qui refoulent leurs émotions au lieu de tenter de les gérer. Or cela peut avoir des conséquences néfastes sur la santé psychique et parfois même physique.

Ces émotions que nous ressentons sont naturelles, et il serait injuste de les réprimer durement. Observons-les plutôt comme un objet extérieur. Cela nous aidera à les vider de leur affect, car nous ne nous identifierons pas directement à elles, c'est-à-dire que nous quitterons la tendance inconsciente à croire que je = la colère que je ressens ou que je = la tristesse que j'éprouve. Toutes ces émotions sont transitoires et ne représentent pas notre être profond, la personne que nous sommes vraiment. Car nous sommes la somme de toutes nos émotions, de notre vécu, de nos idéaux, etc. Tantôt je suis gai, tantôt je suis triste. Tout cela est transitoire. En les accueillant avec beaucoup de compréhension, d'indulgence et de douceur, les émotions négatives finiront par prendre moins de place dans notre vie.

Il n'est évidemment pas aisé de prendre de la distance face à des événements très difficiles. Commençons donc tout d'abord par accepter ce constat : nous sommes soumis à rudes épreuves, certes, mais voyons devant nous une ouverture, la possibilité de changer ; souvenons-nous que nous avons la liberté de penser autrement, aussi dure la situation soit-elle. Acceptons qu'il n'existe pas de miracle, mais que de petites choses peuvent nous aider à surmonter notre peine.

QUELQUES TRUCS POUR SURMONTER L'ÉPREUVE

Pour mettre de la distance entre nous et nos pensées négatives face à un événement dramatique, tâchons de :

- ne pas nous isoler. Il est important de rester en contact avec les autres, proches ou moins proches, de communiquer. L'empathie et l'aide aux autres renforcent le moral et l'estime de soi ;
- continuer à vivre normalement (travailler, faire ses courses, garder une vie sociale). Le fait de se raccrocher aux petites choses du quotidien et se dire que chacune de ces choses est vitale nous permettra d'aller mieux. Il est essentiel d'accorder de l'importance même aux gestes qui paraissent anodins (bâiller, marcher, regarder la rue, observer son enfant, etc.)

Cela aidera notre esprit à se calmer et à chasser les émotions négatives, en reportant notre attention sur nos sensations et sur une réalité plus douce.

Si nous ne pouvons pas faire cela tout le temps, et que nos idées négatives reviennent, disons-nous simplement que ce n'est pas grave. Acceptons ces pensées, ayons à l'esprit qu'elles finiront par s'atténuer et peut-être même par disparaître.

Observer ses pensées

Il est très utile de prendre conscience de la manière dont nous pensons et du contenu de nos pensées sans nous identifier à elles. Cette prise de conscience nous dévoilera toute une série de tendances qui se cachent à l'intérieur de nous et qui ont une action néfaste sur notre être. Cela peut être notre tendance à :

- ressasser sans cesse le passé. Celui-ci étant révolu, y repenser sans arrêt n'a pour effet que d'alimenter notre amertume et notre tristesse. Par contre, il est tout à fait possible d'en tirer des conclusions constructives ;
- craindre l'échec. La crainte de l'échec nous paralyse, alors que si nous accueillons avec bienveillance les défis qui se présentent à nous, nous pourrions évoluer et nous développer ;
- redouter l'avenir. Avoir peur des choses qui pourraient se passer dans un futur plus ou moins proche n'a pour seul effet que de nous faire stagner. Il y aura certes des imprévus, mais n'est-ce pas là ce qui fait la beauté de la vie ? Il est par contre beaucoup plus constructif d'apprendre à reconnaître ce sur quoi nous avons une réelle emprise pour ainsi œuvrer du mieux que l'on peut sur ces choses-là ;
- s'inquiéter pour autrui. L'inquiétude n'est pas synonyme d'amour, et trop s'inquiéter pour l'un de ses proches ne lui rendra pas du tout service. Au contraire, il risque de développer un manque de confiance en lui et en ses

capacités.

- nous trouver des défauts. Nous avons tous des défauts ; mais la bonne nouvelle, c'est que nous avons aussi des qualités. Défauts et qualités font la richesse de chaque individu.

Ces pensées, qui peuvent parfois tourner à l'obsession, nous empêchent également de voir nos bons côtés. Certaines personnes ont ainsi tendance à trop appuyer sur les aspects négatifs alors que voir le positif fait vraiment du bien. Nous pouvons d'ailleurs développer nos qualités et travailler sur nos défauts. Même si nous ne pouvons pas tout changer, nous avons néanmoins la possibilité d'influer sur de nombreuses choses : Je ne peux pas changer mon âge, mais je peux décider de bouger, de faire du sport pour améliorer ma santé et dès lors me sentir plus jeune. Et, plus simple encore, je peux décider d'accepter mon âge, avec ses joies, ses peines, ses soucis.

TECHNIQUES DE LÂCHER-PRISE

La respiration

Lorsque nous sommes préoccupés, la plupart du temps, notre respiration est courte, rapide et peu profonde. Il peut même nous arriver de retenir notre souffle. Alors que, lorsque nous sommes calmes et détendus, notre respiration est généralement ample et régulière. En outre, de très nombreuses personnes se contentent de respirer par le haut du corps (respiration claviculaire). Il s'agit pourtant là de la respiration que nous utilisons quand nous nous sentons menacés. La respiration claviculaire fait en effet partie d'une réaction du système nerveux sympathique qui nous permet de réagir en cas de menace ou de stress. Or la vie moderne sollicite tellement notre système nerveux sympathique qu'il finit souvent par épuiser notre organisme. De son côté, le système nerveux parasympathique, qui ralentit nos fonctions et nous calme grâce à une action contraire au système sympathique, n'est plus capable de nous rééquilibrer.

La respiration claviculaire a donc une action excitante sur le système nerveux, tout comme la respiration thoracique. La première qui s'effectue, comme son nom l'indique, au niveau de nos clavicules est souvent la respiration des personnes très anxieuses, qui pensent sans arrêt. La seconde s'effectue au niveau de nos côtes. C'est une respiration plutôt excitante également, davantage utilisée de façon inconsciente par les gens stressés et énervés, mais moins extrême dans ses effets négatifs que la respiration claviculaire.

À l'inverse de ces respirations hautes et excitantes du système nerveux, il en existe une troisième sorte, dite basse ou abdominale. Celle-ci a des vertus calmantes. C'est elle qui fortifie notre système parasympathique.

Évidemment, l'équilibre idéal est de combiner respiration claviculaire, thoracique et abdominale : c'est la respiration complète. Cette technique permet de faire circuler le sang et l'énergie dans tout le corps et donc de le faire fonctionner de manière équilibrée et harmonieuse.

Vous le constaterez, mental et respiration sont intimement liés. C'est sur ce principe d'interaction psychosomatique que se sont basés les yogis, moines bouddhistes et maîtres zen, pour mettre au point leurs techniques de méditation et de respiration qui aident les pratiquants à lâcher prise et à mieux vivre.

Si la respiration nous aide à lâcher prise, c'est parce qu'elle nous aide à déplacer notre esprit des pensées aux sensations de l'ici et du maintenant, et ensuite au souffle pur. Plus la sensation sera affinée, et plus nous nous rapprocherons de ce que les techniques orientales appellent le Soi (qu'on pourrait également appeler « âme »). Il s'agit en quelque sorte du fond de notre être, débarrassé de nos constructions mentales et du conditionnement que nous avons connu depuis que nous sommes bébé.

En débutant, nous observerons tout ce qui se passe autour de nous, dans notre corps, mais aussi toutes les pensées, simples ou perturbatrices qui apparaissent dans notre esprit. Puis, nous prendrons conscience de notre respiration et de sa simplicité. Nous devons garder à l'esprit que tout cela se fait avec douceur et que nous ne cherchons pas à atteindre un but.

L'exercice même de respiration peut déjà être très libérateur et aider à lâcher prise instantanément. Toutefois, ce n'est que par la pratique quotidienne et régulière que nous pouvons entraîner notre esprit à le faire de plus en plus facilement.

La respiration sur objet du mental

Lorsque vous éprouvez un sentiment négatif (une colère, une obsession, une tristesse, etc.), concentrez-vous sur votre respiration afin d'atténuer l'émotion ressentie.

La technique est simple :

- quand vous expirez, repoussez la colère, la tristesse ;
- quand vous inspirez, inhalez la joie, la confiance, la paix.

Répétez plusieurs fois l'exercice jusqu'à ce que vous vous sentiez mieux.

La respiration simple

Vous pouvez également vous concentrer sur l'air qui entre et sort de vos narines, doucement et sans forcer, en étant assis (en tailleur au sol ou sur une chaise) le dos droit, ou couché. Prenez l'air, rendez l'air et surtout prenez le temps d'en sentir les bienfaits !

La respiration alternée par les narines

Toujours par le nez, vous pouvez pratiquer la respiration yogique que l'on appelle *nadi shodhana* (« purification des nadis », les nadis étant les canaux énergétiques définis par les yogis, qui correspondent très grossièrement à notre système nerveux et circulatoire, apparentés aussi aux canaux énergétiques de la médecine chinoise). Elle s'avère très efficace pour apaiser l'esprit, éclaircir et rafraîchir le mental. Elle doit être fluide et naturelle.

Elle s'effectue à l'aide d'une mudra (ou geste précis et symbolique pour les yogis) de la main. Durant l'exercice, la main droite reste à hauteur du nez afin de bloquer les narines ; on l'ouvre, puis on replie l'index et le médius contre la paume. Le pouce qui reste libre servira à boucher la narine droite. L'annulaire et l'auriculaire s'occuperont de la gauche. Vous trouverez facilement où presser sur les narines pour stopper le passage de l'air. La main reste donc à hauteur des narines pendant toute la durée de l'exercice. Vous verrez que ce geste vous semblera rapidement naturel.

Voici un dessin qui vous aidera à comprendre les gestes à effectuer :

Respiration nadi shodhana

Réalisons l'exercice ensemble.

Effectuez une dizaine de fois
le cycle qui suit.

1.

Inspirez par la narine gauche,
en bloquant la narine droite avec
le pouce de la main droite.

2.

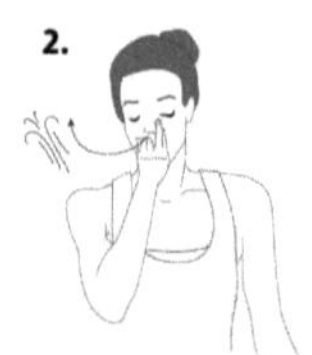

Expirez par la narine droite,
en bloquant la narine gauche avec
l'annulaire et l'auriculaire
de la main droite.

3.

Inspirez par la narine droite,
la narine gauche toujours bloquée.

4.

Expirez par la narine gauche,
en bloquant la droite.

<u>CONSEILS</u>

Il est inutile de forcer la respiration. Respirez le plus

La respiration ventrale

Vous pouvez également vous entraîner avec la respiration diaphragmatique (le diaphragme est le muscle principal de la respiration). Cette respiration ventrale agit en profondeur sur tous les muscles, nerfs et viscères, et aura donc comme effet de calmer le mental, de vous renforcer contre le stress. Pratiquée quotidiennement, elle amène un mental positif et chasse les idées noires.

Couché, les genoux fléchis, une main sur le ventre. Inspirez en laissant entrer doucement l'air dans le ventre qui se gonfle. Expirez en contractant légèrement le ventre. L'expiration est plus « active » que l'inspiration. Surtout, ne forcez rien ; la respiration doit rester la plus fluide et naturelle possible.

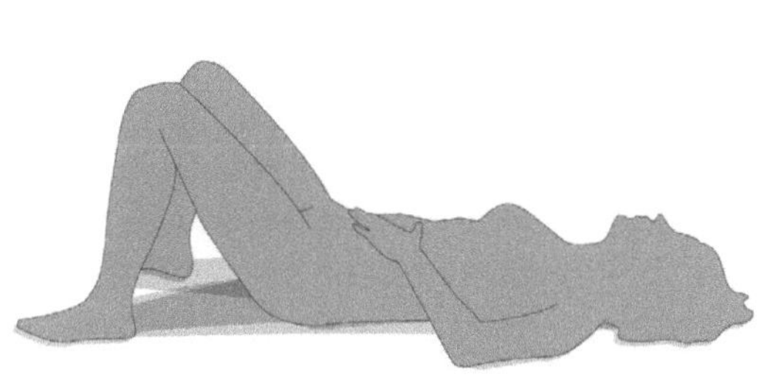

L'idéal est de pratiquer cette respiration ventrale avant de dormir. Elle vous permettra de passer une nuit sereine.

La relaxation

Il existe de nombreuses techniques de relaxation. La plupart seront valables pour le lâcher-prise puisqu'il s'agit de calmer les pensées et les émotions négatives par la détente.

Pour les deux exercices proposés, privilégiez la position couchée sur le dos. Vous pouvez également vous asseoir si vous vous sentez mieux dans cette position. L'important est d'être installé le plus confortablement possible. N'hésitez pas à vous couvrir chaudement à l'aide d'une petite couverture, car la détente fait baisser la température du corps.

Se relaxer en s'imaginant dans une situation agréable ou en se remémorant un souvenir heureux

Couché sur le dos, les bras et les jambes légèrement écartés du corps, paumes tournées vers le ciel, ou assis le dos bien droit, les yeux fermés. Si vous êtes couché, sentez tous les points d'appui de votre corps avec le sol : mollets, cuisses, fesses, omoplates, talons, bras, avant-bras, dos des mains, arrière de la tête. Si vous êtes assis, sentez vos points d'appui sous les fesses, au niveau des ischions. Une fois bien ancré sur votre chaise ou sur votre tapis, laissez venir la détente, en lâchant l'emprise que vous avez sur votre corps. N'oubliez pas de détendre le visage et la mâchoire, que nous avons souvent tendance à serrer si nous sommes stressés.

Détendez-vous en pensant à des vacances agréables, à un

moment sympathique entre amis, ou pensez à un lieu qui vous est particulièrement cher et restez dans le décor que votre mémoire aura sélectionné. Remémorez-vous toutes les sensations, qu'elles soient sonores, visuelles, olfactives et même gustatives. Visualisez-vous au milieu de ces sensations. Sentez comme vous êtes bien en ce lieu. Prenez vraiment votre temps et profitez de cet instant merveilleux.

Votre respiration est ample, calme et régulière.

Visualisez votre sourire, sentez-le qui inonde tout votre corps. Laissez-vous aller à cet instant de paix et de bonheur.

Se visualiser en s'imaginant libéré d'un problème

Dans la même position que pour l'exercice précédent, imaginez-vous libéré de votre problème et visualisez la manière dont vous êtes parvenu à le surmonter, tout simplement, avec un certain effort ou plus difficilement. Prenez conscience des sensations qui accompagnent vos pensées. Voyez comme certaines pensées sont agréables, alors que d'autres sont plus contrariantes. Voyez comme vous êtes à la fois juste, indulgent et doux avec vous-même.

Vous pouvez terminer cette relaxation par une visualisation de votre respiration. Respirez naturellement par le nez, faites pénétrer l'air doucement dans tout votre corps relâché. Voyez comme un merveilleux sourire s'est invité sur votre visage. Vous êtes heureux et en accord avec vous-même.

N'utilisez toutefois pas cette technique si votre problème est trop lourd et que vous ne percevez pas de solution.

C'est sans doute que vous avez besoin d'aide ou de plus de temps pour décanter. Si vous êtes dans cette situation, vous pouvez vous remémorer d'anciens problèmes que vous aviez réussi à résoudre ou qui se sont résolus d'eux-mêmes. Cela consolidera vos propres capacités et votre confiance en la vie.

La méditation et la pleine conscience

La méditation est le travail de l'observation et de concentration du mental dans le but de le calmer. Son action immédiate est de nous ancrer dans l'ici et le maintenant. Elle n'a donc rien à voir avec la rêverie et ne constitue pas vraiment une forme de relaxation, car elle est en grande partie active. Vous restez en éveil, mais vous êtes pourtant relâché.

Par exemple, si vous choisissez la position assise jambes croisées, ou assise sur une chaise, vous veillerez à ce que votre colonne vertébrale reste bien droite, sans toutefois vous tendre. Et le reste de votre corps sera relâché. Cela vous aidera à ne pas vous endormir et permettra une bonne circulation de la base de votre colonne à votre cerveau.

La méditation existe depuis des milliers d'années et nous a été transmise par différentes doctrines spirituelles. Mais avec la reconnaissance des bienfaits de ces techniques par la science moderne, la méditation a perdu la connotation religieuse que beaucoup lui attribuaient. D'un point de vue médical, des chercheurs ont récemment découvert qu'elle avait un effet bénéfique sur le corps (calme la respiration, les battements du cœur, etc.), mais qu'elle modifiait également la structure même du cerveau en permettant la création de nouveaux circuits neuronaux. Elle renforce en outre notre système nerveux parasympathique.

Méditation et pleine conscience vous aideront à lâcher prise en calmant le mental, en visualisant vos soucis avec détachement et en observant la manière dont vous pensez, dont vous ressentez les choses. Tout comme pour la relaxation et la respiration, vous obtiendrez plus de résultats par des séances courtes et quotidiennes – ou du moins, fréquentes – que par des séances longues et très espacées dans le temps.

La méditation assise

Choisissez un coin tranquille où personne ne pourra vous déranger et couvrez-vous bien pour ne pas avoir froid ; comme pour la relaxation, la méditation fait descendre la température corporelle.

Asseyez-vous le dos bien droit sur une chaise, paumes sur les cuisses, les pieds bien ancrés au sol, ou asseyez-vous en tailleur sur un petit coussin ou une serviette roulée, le dos bien droit, mains posées sur les genoux, paumes tournées vers le ciel. Si le dos est bien droit, le reste du corps est souple et relâché. Soyez confortable dans la position que vous aurez privilégiée. Les yeux sont fermés ou ouverts.

Vous commencez par prendre conscience de votre posture, de chacune de vos sensations. Observez ou visualisez (si vos yeux sont clos) votre environnement. Écoutez les sons proches ou lointains, sentez les odeurs, l'humidité ou la sécheresse de l'air. Peu à peu, prenez conscience des pensées qui vous traversent. Observez-les comme des objets. Voyez comme elles viennent et disparaissent. Observez ces mouvements incessants. Ne jugez rien. Regardez simplement. Une émotion passe, remarquez comme elle vous affecte et comment vous pouvez également vous montrer tout à fait indifférent à son égard. Restez souple et accueillant avec vos sensations et vos pensées. Si vous le sentez, prolongez votre méditation par quelques exercices respiratoires. Il se peut que des sensations et des pensées viennent encore à passer. Contentez-vous de les observer et laissez-les partir ensuite. Restez dans la détente. Vous pouvez terminer votre séance par une petite relaxation.

La pleine conscience au quotidien

La pleine conscience comme thérapie a été développée par les psychologues et psychiatres pour aider leurs patients stressés et angoissés à se soulager. Elle est directement issue de la méditation bouddhiste et en reprend l'idée fondamentale qui est d'avoir la conscience pleinement présente dans l'ici et le maintenant.

La pleine conscience est d'une certaine façon plus simple et plus fondamentale, car il s'agit de permettre à votre mental de prendre conscience de ce que vous êtes en train de vivre ou de faire, et ceci dans votre quotidien. Elle doit donc être pratiquée partout et à tout moment, quelles que soient l'action qui vous occupe et la position de votre corps.

L'idée de cet exercice est de vous plonger totalement dans l'action que vous êtes en train de réaliser. Pour ce faire, vous devrez utiliser vos sens et votre observation et non votre jugement. Les pensées viennent, mais vous ne devez pas les chercher.

Voici une liste non exhaustive d'activités durant lesquelles vous pouvez pratiquer la pleine conscience :

- la marche. Concentrez-vous sur le contact de vos pieds sur le sol, observez votre respiration, les choses que vous ressentez dans votre corps ;
- l'hygiène, la toilette. Prenez conscience du contact de l'eau sur votre peau, de la douceur du savon ;
- le repas. Mâchez lentement et profitez un maximum des goûts, des saveurs et des textures des aliments que vous mangez ;
- la cuisine. Cuisinez simplement, mais accordez de l'importance à chaque produit utilisé, mettez-y votre cœur pour vous-même ou pour les autres. Le simple geste de couper les légumes peut-être un moment d'une grande richesse ;
- l'écoute d'autrui. Mettez toute votre empathie et votre écoute à destination de l'autre ; ne jugez pas, observez ce que les paroles de l'autre provoquent en vous et laissez passer ;
- le jeu avec un enfant. Mettez-vous à hauteur d'enfant, partagez sa joie et ses rires sans intellectualiser cette activité.

D'autres petits trucs pour vous aider à lâcher prise

L'eau agit comme un purificateur, réel et symbolique. Elle peut vous aider à laver vos pensées, que ce soit en en buvant, en prenant une douche, en allant nager, en réalisant une cure de thalassothérapie, etc.

Faites également régulièrement le tri des choses dont vous n'avez plus besoin, que ce soit au travail ou à la maison. Si vous réfléchissez trop à garder l'une ou l'autre chose, obligez-vous plutôt à la lâcher, à vous en défaire. Quand vous vous dites que tel ou tel objet pourrait peut-être un jour vous servir, lâchez-le également. Vous pouvez donner vos affaires, les revendre ou les faire recycler. Vous ne perdrez rien et gagnerez en estime de vous-même en faisant du bien à d'autres personnes et en respectant la planète.

DERNIERS CONSEILS

Prenez soin de vous, c'est essentiel ! On ne peut penser correctement quand on se sent mal physiquement. Dormez le temps nécessaire pour que vous vous sentiez bien, mangez sainement, bougez et respirez !

Prenez également soin des autres, en les aimant, sans en faire trop. L'empathie est l'un des meilleurs guérisseurs de l'âme. Elle vous aidera à lâcher prise et à relativiser beaucoup plus facilement.

COMMENT RESTER DANS LE LÂCHER-PRISE ?

Le lâcher-prise est un travail quotidien qui demande beaucoup de persévérance. Notre mental aura toujours tendance à se fixer sur les pensées et les problèmes, mais il le fera de moins en moins fréquemment si nous travaillons à acquérir des automatismes qui nous empêchent de ruminer. Toutes les techniques proposées dans cet ouvrage sont à mettre en pratique le plus souvent possible. Il faut en outre garder en tête que nous sommes tout à fait capables de changer notre comportement, nos états mentaux.

La plasticité de notre cerveau, sa capacité à s'adapter à de nouvelles choses, est presque illimitée ; mais cela demande un effort, un travail. C'est un peu comme notre corps qui a besoin d'exercices pour acquérir des muscles, et plus ceux-ci sont forts, plus l'exercice sera facile.

Il est important de croire et de faire confiance à ce mécanisme, mais n'ayez pas des attentes trop importantes. Avancez, confiant dans la vie. C'est la clé.

FAQ

TOUT LE MONDE EST-IL ÉGAL FACE AU LÂCHER-PRISE ?

Non. Chacun a sa personnalité, une situation et une expérience de vie qui lui sont propres. Une personne plus introvertie, fort occupée par ses pensées, aura plus de mal à lâcher prise qu'une personne plus tournée vers l'extérieur. Il en va de même pour celles qui accumulent les soucis ou qui connaissent des événements difficiles, car elles auront du mal à prendre du recul.

Cependant, tout le monde peut tenter de lâcher prise. Sortez de votre coquille, parlez aux gens, échangez vos points de vue, aérez-vous les idées. Le fait de relativiser en se confrontant aux opinions des autres, à la multiplicité de la vie, permet de reprendre de la distance.

Si vous vous cachez derrière votre problème pour ne pas vous confronter à vous-même ou à la réalité, examinez les nouveaux bénéfices que vous pourrez tirer de votre vie si vos problèmes ne vous dominaient pas.

Il n'est toutefois pas toujours simple de se rendre compte que ses problèmes cachent parfois d'autres soucis. Essayez d'être le plus honnête possible avec vous-même, observez-vous en ami. Pour y parvenir, il est souvent utile de prendre du recul : allez dans un autre lieu, faites quelque chose d'inhabituel, rencontrez de nouvelles personnes ou faites une retraite (dans un lieu calme, dans la nature, parmi un groupe spirituel).

Vous pouvez aussi essayer de parler de vous à la 3e personne, comme si vous observiez un personnage extérieur. N'ayez toutefois ni jamais trop de complaisance ni jamais trop de dureté envers vous-même. Soyez juste.

Ces différents procédés et l'aide d'un tiers vous aideront à vous visionner, à mettre les choses en perspective et à finalement découvrir le fond du problème. Réfléchissez au fait que certaines personnes qui ont les mêmes problèmes que vous, ou même des problèmes plus graves, prennent les choses beaucoup plus légèrement que vous et parviennent malgré tout à être satisfaites de leur vie et même à être heureuses. Prenez conscience de tout cela, mais ne vous jugez pas.

LES ENFANTS LÂCHENT-ILS PRISE PLUS FACILEMENT ?

Oui et non. Les jeunes enfants se fixent souvent sur ce qu'ils veulent obtenir immédiatement, avec une détermination quelquefois impressionnante, et s'ils ne l'obtiennent pas, ils peuvent entrer dans de grandes colères. Toutefois, contrairement à nous, ils sont aussi capables de lâcher complètement et soudainement l'objet de leur désir et de ne plus du tout y penser, si autre chose les appelle, ou après avoir été consolé.

Lorsque nous sommes adultes, nous avons tendance à imprimer et à garder nos émotions négatives plus ou moins longtemps en nous. Si nous pouvions lâcher prise directement, nous ne serions jamais rancuniers. N'hésitez donc pas à prendre exemple sur la souplesse psychologique des enfants. Il suffit parfois de le vouloir pour penser à autre chose, et pourquoi pas de nous émerveiller continuellement du monde qui nous entoure.

QU'EST-CE QUI REND DIFFICILE LE LÂCHER-PRISE ?

S'il nous est difficile de lâcher prise sur une pensée ou une émotion, c'est parce que notre esprit préfère penser aux choses qui l'occupent et le préoccupent. Nous aimons passer notre temps à observer un problème sous tous les angles, à le décortiquer, alors qu'en fait il continue à nous obséder sans que nous y trouvions de solution. C'est un processus addictif, mais nous seuls pouvons décider d'y mettre un terme.

Il est important de prendre l'habitude de nous dire que nous pouvons passer à autre chose, tout en évitant bien sûr de tomber dans d'autres ruminations. Il s'agit bien de se dire « stop » et de passer à autre chose ou de faire autre chose, car vouloir ne plus penser ou vouloir fuir un problème revient à s'y attacher davantage.

JUSQU'OÙ LÂCHER PRISE ?

La résistance au lâcher-prise est souvent liée à la peur de perdre le contrôle. C'est pourquoi il est important de bien avoir conscience de nos propres capacités et des limites extérieures.

Je lâche prise jusqu'à ce qui est acceptable et confortable pour moi, dans le respect des autres, en reconnaissant que je ne peux contenter chacun et que je n'ai pas de contrôle sur les autres.

Si je suis très stressé et fatigué parce que je travaille trop, mais que mon travail représente quelque chose de très important dans ma vie, je peux m'autoriser à prendre quelques jours de congé pour me reposer, tout en me disant que j'y ai droit et que cela n'aura pas de conséquences négatives pour la suite. Si j'ai un patron trop exigeant qui voit d'un mauvais œil ce besoin de break, je peux examiner si je ne ferais pas mieux de trouver un travail dans le cadre duquel mes différents besoins et ma vie privée seront mieux pris en compte.

Si le lâcher-prise laisse apparaître d'autres problèmes, ce n'est évidemment pas agréable, mais cela peut parfois s'avérer nécessaire. C'est à moi de voir ce qu'il est utile de laisser tomber et jusqu'où je peux aller, en tenant compte de ce qui est réellement important pour moi.

QUELLE SERA LA MEILLEURE MÉTHODE POUR M'AIDER À LÂCHER PRISE ?

C'est à vous de trouver et d'expérimenter parmi les différentes techniques proposées. Il faut examiner le temps dont vous disposez et l'étendue de vos problèmes. Si vous ne pensez pas pouvoir y arriver seul, alors n'hésitez pas à trouver de l'aide en discutant avec vos proches, en suivant des cours de relaxation ou en allant voir un spécialiste.

Et surtout, dédramatisez et faites confiance à la vie.

Votre avis nous intéresse !
Laissez un commentaire sur le site de votre librairie en ligne
et partagez vos coups de cœur sur les réseaux sociaux !

POUR ALLER PLUS LOIN

SOURCES BIBLIOGRAPHIQUES

- ANDRÉ (Christophe), *Méditer jour après jour. 25 leçons pour vivre en pleine conscience*, Paris, L'Iconoclaste, 2011.
- CHÖDRÖN (Pema), *Entrer en amitié avec soi-même. Dire oui à la vie, se réconcilier avec soi-même et le monde*, Paris, Pocket, coll. « Spiritualités », 1997.
- FARCET (Gilles), *Le choix d'être heureux*, Toulouse, UPPR, 2014.
- JOLLIEN (Alexandre), *Petit traité de l'abandon. Pensées pour accueillir le vie telle qu'elle se propose*, Paris, Seuil, 2012.
- NHAT HANH (Thich), *La sérénité de l'instant. Illuminer le quotidien et vivre le moment présent*, Paris, J'ai lu, 2008.
- NHAT HANH (Thich), *Le miracle de la pleine conscience. Manuel pratique de méditation*, Paris, J'ai lu, 2008.
- RICARD (Matthieu), *Plaidoyer pour le bonheur*, Paris, NiL Éditions, 2003.
- SMEDT (Marc de), *Techniques de méditation et pratiques d'éveil*, Paris, Albin Michel, coll. « Spiritualités vivantes », 1983.
- SUZUKI (Shunryu), *Esprit Zen, esprit neuf*, Paris, Seuil, coll. « Points Sagesses », 1977.
- TOWNSEND (Ina), *Yoga anti-stress*, Paris, Marabout, 1997.
- VAN LYSBETH (André), *J'apprends le yoga*, Paris, Flammarion, 1993.
- VAN LYSBETH (André), *La dynamique du souffle*, Paris, Flammarion, 1993.
- VIGNE (Jacques), *Soigner son âme, méditation et psychologie*, Paris, Albin Michel, 2007.

www.50minutes.fr

Éditeur responsable : Lemaitre Publishing
Avenue de la Couronne 382 | BE-1050 Bruxelles
info@lemaitre-editions.com

ISBN ebook : 978-2-8062-6741-2
ISBN papier : 978-2-8062-6742-9
Dépôt légal : D/2017/12603/1
Photo de couverture : © pixelrain - Fotolia.com

Conception numérique : Primento,
le partenaire numérique des éditeurs.